Nossa Senhora do Perpétuo Socorro

História e novena

Mario Basacchi

Nossa Senhora do Perpétuo Socorro
História e novena

Citações bíblicas: Bíblia Sagrada – tradução da CNBB, 2001.

Editora responsável: Celina Weschenfelder
Equipe editorial

7ª edição – 2011
8ª reimpressão – 2023

Nenhuma parte desta obra poderá ser reproduzida ou transmitida por qualquer forma e/ou quaisquer meios (eletrônico ou mecânico, incluindo fotocópia e gravação) ou arquivada em qualquer sistema ou banco de dados sem permissão escrita da Editora. Direitos reservados.

Paulinas
Rua Dona Inácia Uchoa, 62
04110-020 – São Paulo – SP (Brasil)
Tel.: (11) 2125-3500
http://www.paulinas.com.br – editora@paulinas.com.br
Telemarketing e SAC: 0800-7010081
© Pia Sociedade Filhas de São Paulo – São Paulo, 2003

Indicações históricas

Os evangelistas falam muito pouco de Maria, Mãe de Jesus. Ela viveu no anonimato, como uma pessoa normal, quase desconhecida. Mas, desde a fundação da Igreja, no dia de Pentecostes, até os nossos dias, a presença de Maria tornou-se marcante e indispensável. Embora Deus pudesse redimir a humanidade sem ela e continuar sua obra de redenção diretamente, sem intermédio de nenhuma criatura, ele quis colocar Maria no plano de nossa salvação de maneira singular. A ela Jesus nos confiou antes de morrer na cruz, e Maria, como boa Mãe, nos acolheu como filhos e filhas. Desde aquele instante ela está ao nosso lado, sempre pronta a nos ajudar, socorrer e tomar pela mão para nos levar a Jesus.

Origem da devoção

O quadro de Nossa Senhora do Perpétuo Socorro, pintado por um artista desconhecido, é representado a meio corpo. Alguns devotos afirmam que é uma cópia da efígie de Maria pintada por São Lucas e venerada na ilha de Creta, na Grécia, já pelos fins do século XIV.

A pintura, em estilo bizantino muito antigo, representa Maria, Mãe de Deus, a Senhora das Dores que socorre seu filho. À sua esquerda está São Miguel, com o vaso de vinagre, a esponja e a lança. À direita, São Gabriel, com a cruz. O Menino Jesus, apavorado com os instrumentos de sua paixão, está agarrado às mãos da Mãe, deixando cair a sandália de seu pé direito. Maria tem o semblante coberto de tristeza e resignação e traz na cabeça a coroa de Rainha.

Diante da ameaça de invasão dos muçulmanos, um comerciante da ilha levou o quadro para Roma, para a Capela de São Mateus, onde os fiéis poderiam venerá-lo. O quadro permaneceu nessa igreja por mais de três séculos, até a ocupação de Roma pelas tropas de Napoleão Bonaparte, em 1798, quando foi destruída por um incêndio criminoso.

A pintura de Maria ficou desaparecida por vários anos nos escombros da igreja. Quando foi descoberta, o Papa Pio IX a confiou aos missionários redentoristas, dizendo-lhes: "Fazei com que todo mundo conheça o Santuário de Nossa Senhora do Perpétuo Socorro".

O quadro foi exposto e encontra-se na igreja dedicada ao grande devoto de Nossa Senhora, o cantor de suas glórias, Santo Afonso.

Entretanto, foi só a partir de 1870 que os missionários redentoristas começaram a propagar essa devoção pelo mundo, que se espalhou por toda a América a partir da ilha do Haiti. A novena foi iniciada no dia 11 de julho de 1922, na Igreja de Santo Afonso, em St. Louis, nos Estados Unidos.

PRIMEIRO DIA

Maria com Jesus nos braços

Em nome do Pai, do Filho e do Espírito Santo. Amém.

Invocação a Maria, Mãe do Perpétuo Socorro

Socorrei-nos, ó Maria!
Vosso olhar a nós volvei,
Vossos filhos protegei! (Hino litúrgico)

Leitura bíblica

"Feliz o ventre que te trouxe e os seios que te amamentaram. Felizes, sobretudo, são os que ouvem a Palavra de Deus e a põem em prática" (Lc 11,27b.28b).

Reflexão

Contemplemos Maria, Mãe terna e amorosa que acolhe Jesus em seus braços. Ele confia em sua Mãe e por isso se abandona totalmente a ela.

Na gruta de Belém, Maria o apresenta aos pastores e aos Reis Magos. Na fuga para o Egito, ela o segura em seus braços, protegendo-o. No Calvário, oferece-o ao Pai em expiação de nossos pecados. E agora ela é nossa intercessora junto a Deus, intervindo em favor de cada um de nós, seus filhos. Por isso, abandonemo-nos em seus braços, porque aqueles que esperam no Senhor renovarão suas forças; criarão asas como águias; correrão e não sentirão fadiga; caminharão e não hão de sentir cansaço (cf. Is 40,31).

Oração do dia

Ó Jesus, que viveis em Maria e que muitas vezes vos refugiastes em seus braços, experimentando o calor amoroso daquele regaço, vinde e vivei em vossos servos, na plenitude de vossa força, na perfeição dos vossos caminhos, na verdade das vossas virtudes, na comunhão dos vossos mistérios. Livrai-nos de todo mal, em vosso Espírito, para a glória do Pai. Amém.

Canto

Ó Virgem Maria, rainha de amor, tu és a Mãe Santa do Cristo Senhor.

Perpétuo Socorro, tu és mãe querida, teus filhos suplicam socorro na vida.

Nas dores e angústias, nas lutas da vida, tu és a mãe nossa por Deus concebida.

Oração final

Nossa Senhora do Perpétuo Socorro, volvei a nós vossos olhos misericordiosos e socorrei-nos em nossas necessidades. És nossa bondosa Mãe e medianeira de todas as graças. Por isso, com todo o povo cristão, invocamo-vos como refúgio dos pecadores, Mãe dos aflitos e estrela dos navegantes. Mais uma vez nos colocamos sob a vossa poderosa proteção e vos suplicamos que obtenhais de Jesus Cristo, vosso amado Filho, a graça de que nesta hora de aflição tanto necessitamos (*fazer o pedido*). Por Cristo Nosso Senhor. Amém.

Rezemos

Pai-Nosso, Ave-Maria e Glória.
Ó Maria, Mãe do Perpétuo Socorro, rogai por nós que recorremos a vós.

SEGUNDO DIA

Maria com Jesus na casa de Nazaré

Em nome do Pai, do Filho e do Espírito Santo. Amém.

Invocação a Maria, Mãe do Perpétuo Socorro

Santa Maria, tabernáculo vivo da Santíssima Trindade, casa de ouro, rogai por nós.

Leitura bíblica

"Jesus desceu, então, com seus pais para Nazaré e era obediente a eles. Sua mãe guardava todas estas coisas no coração. E Jesus ia crescendo em sabedoria, tamanho e graça diante de Deus e dos homens" (Lc 2,51-52).

Reflexão

Jesus, como qualquer outro filho, viveu e aprendeu com sua mãe e lhe era submisso. Com ela e José passou a maior parte de sua vida terrena, rezando, estudando e trabalhando. Preparou-se, assim, para sua grande missão: a redenção do mundo.

Para compreendermos um pouco mais este período da vida de Jesus é bom criarmos também um clima de silêncio interior e, se for possível, retirar-nos a um lugar que favoreça esse recolhimento.

Oração do dia

Ó Senhora do Perpétuo Socorro, Virgem Santíssima, lembrai-vos que fomos predestinados a ser semelhantes ao Filho Eterno de Deus, o espelho da justiça divina, o esplendor da eterna luz, vosso Filho Jesus, que disse: "Eu sou o caminho, a verdade e a vida" (cf. Jo 14,6a). Tornai-nos conformes à imagem de Jesus; guardai-nos sempre neste caminho, que conduz à santidade e nos faz alcançar a Deus. Iluminai a nossa mente com a verdade, a fim de que, conhecendo-o, possamos amá-lo sempre mais. Comunicai-nos a vida, a fim de sermos luz para nossos irmãos e irmãs. Amém.

Canto

Socorrei-nos, ó Maria, neste caminhar.
Os doentes e os aflitos, vinde a todos consolar!
Vosso olhar a nós volvei, vossos filhos protegei!
Ó Maria, Mãe da Igreja, vossos filhos socorrei!

Oração final

Nossa Senhora do Perpétuo Socorro, volvei a nós vossos olhos misericordiosos e socorrei-nos em nossas necessidades. És nossa bondosa Mãe e medianeira de todas as graças. Por isso, com todo o povo cristão, invocamo-vos como refúgio dos pecadores, Mãe dos aflitos e estrela dos navegantes. Mais uma vez nos colocamos sob a vossa poderosa proteção e vos suplicamos que obtenhais de Jesus Cristo, vosso amado Filho, a graça de que nesta hora de aflição tanto necessitamos (*fazer o pedido*). Por Cristo Nosso Senhor. Amém.

Rezemos

Pai-Nosso, Ave-Maria e Glória.
Ó Maria, Mãe do Perpétuo Socorro, rogai por nós que recorremos a vós.

TERCEIRO DIA

Maria com Jesus nas bodas de Caná

Em nome do Pai, do Filho e do Espírito Santo. Amém.

Invocação a Maria, Mãe do Perpétuo Socorro

Ó Maria, auxílio dos cristãos e dos desamparados, visitai e permanecei na nossa casa para que o amor e a bênção de Deus jamais se afastem dela.

Leitura bíblica

"Sua mãe disse aos que estavam servindo: 'Fazei tudo o que ele vos disser!'" (Jo 2,5).
"Pedi e vos será dado! Procurai e encontrareis! Batei e a porta vos será aberta!

Pois todo aquele que pede recebe, quem procura encontra, e a quem bate, a porta será aberta" (Mt 7,7-8).

Reflexão

Em sua vida pública, Jesus aparece poucas vezes ao lado de Maria, sua Mãe. Mas, nos momentos decisivos da vida de seu Filho, podemos encontrá-la ao seu lado, como nas bodas de Caná e ao pé da cruz. No início e na conclusão de sua obra de redenção, Maria está ao lado de Jesus. E Jesus, sempre atencioso para com ela, antecipa a sua hora e opera o primeiro milagre, transformando a água em vinho. Nas bodas de Caná, Maria nos revela o quanto conhecia o coração de seu Filho.

Oração do dia

Ó Maria, poderosa intercessora junto a Deus, tornai-nos dignos de nos aproximarmos dele para que sejamos santificados inteiramente. Alcançai-nos a graça de nunca deixarmos passar o momento de Deus, para que estejamos sempre prontos a abrir-lhe a porta e dizer: "Estamos aqui, Senhor, prontos para fazer a vossa vontade", e ir ao encontro das pessoas mais necessitadas. Amém.

Canto

Visitai os que padecem, aliviando-lhes a dor.
E a nós todos, convertei: testemunhas do Senhor.
Vosso olhar a nós volvei, vossos filhos protegei!
Ó Maria, Mãe da Igreja, vossos filhos socorrei!

Oração final

Nossa Senhora do Perpétuo Socorro, volvei a nós vossos olhos misericordiosos e socorrei-nos em nossas necessidades.

És nossa bondosa Mãe e medianeira de todas as graças. Por isso, com todo o povo cristão, invocamo-vos como refúgio dos pecadores, Mãe dos aflitos e estrela dos navegantes. Mais uma vez nos colocamos sob a vossa poderosa proteção e vos suplicamos que obtenhais de Jesus Cristo, vosso amado Filho, a graça de que nesta hora de aflição tanto necessitamos (*fazer o pedido*). Por Cristo Nosso Senhor. Amém.

Rezemos

Pai-Nosso, Ave-Maria e Glória.
Ó Maria, Mãe do Perpétuo Socorro, rogai por nós que recorremos a vós.

QUARTO DIA
Maria com Jesus no Calvário

Em nome do Pai, do Filho e do Espírito Santo. Amém.

Invocação a Maria, Mãe do Perpétuo Socorro

"Fazei, ó Mãe dolorosa, com que as chagas de Nosso Senhor sejam impressas em nossos corações."

Leitura bíblica

"Deus amou tanto o mundo que entregou o seu Filho único, para que todo o que nele crer não pereça, mas tenha a vida eterna." (Jo 3,16)

"Junto à cruz de Jesus estavam de pé sua mãe e a irmã de sua mãe, Maria de

Cléofas, e Maria Madalena. Jesus, ao ver sua mãe e, ao lado dela, o discípulo que ele amava, disse à mãe: 'Mulher, eis o teu filho!'. Depois disse ao discípulo: 'Eis a tua mãe!'" (Jo 19,25-27a).

Reflexão

Maria, a corredentora, está de pé junto à cruz de Jesus, para se unir aos sofrimentos de seu Filho e oferecê-lo ao Pai para a redenção da humanidade. Unamo-nos a todos os nossos irmãos e irmãs que sofrem para que encontremos forças em Jesus sofredor.

Oração do dia

Ó Maria, Nossa Senhora do Perpétuo Socorro, fazei com que, contritos e penitentes, possamos nos aproximar ao pé da cruz e associar-nos às vossas dores. Não houve e não haverá dor tão imensa como a que sentistes ao ver vosso Filho pregado na cruz, blasfemado, renegado e abandonado. Fazei-nos compreender o preço de nossa redenção: o amor de Jesus tão generoso e tão gratuito, que sabe perdoar sempre. Amém.

Canto

Convertei os pecadores para que voltem a Deus!
De nós todos sede guia no caminho para os céus!
Vosso olhar a nós volvei, vossos filhos protegei!
Ó Maria, Mãe da Igreja, vossos filhos socorrei!

Oração final

Nossa Senhora do Perpétuo Socorro, volvei a nós vossos olhos misericordiosos e socorrei-nos em nossas necessidades.

És nossa bondosa Mãe e medianeira de todas as graças. Por isso, com todo o povo cristão, invocamo-vos como refúgio dos pecadores, Mãe dos aflitos e estrela dos navegantes. Mais uma vez nos colocamos sob a vossa poderosa proteção e vos suplicamos que obtenhais de Jesus Cristo, vosso amado Filho, a graça de que nesta hora de aflição tanto necessitamos (*fazer o pedido*). Por Cristo Nosso Senhor. Amém.

Rezemos

Pai-Nosso, Ave-Maria e Glória.
Ó Maria, Mãe do Perpétuo Socorro, rogai por nós que recorremos a vós.

QUINTO DIA

Maria: nossa esperança

Em nome do Pai, do Filho e do Espírito Santo. Amém.

Invocação a Maria, Mãe do Perpétuo Socorro

"Por vós, ó Maria, os miseráveis recebem a misericórdia, a graça os ingratos, o perdão os pecadores, dons sublimes os fracos, mercês dos céus os moradores da terra, a vida os mortos, a Pátria os peregrinos."*

Leitura bíblica

"Quem me encontrar, encontrará a vida e gozará das delícias do Senhor" (Pr 8,35).

"'Mesmo que uma mulher possa esquecer seu filho, eu não te esquecerei nunca.

---

* Santo Afonso. *Glórias de Maria.*

Estás gravado na palma de minhas mãos', diz o Senhor" (cf. Is 49,15-16).

Reflexão

Expulsos do paraíso terreno, sob o domínio do demônio e da morte, os filhos de Eva ficaram sem esperança de reencontrar o reto caminho e readquirir a graça perdida. Surgiu então, bela e resplandecente no horizonte da humanidade, Maria, uma estrela, a Virgem concebida sem pecado e escolhida para ser a Mãe do Redentor. A partir daí, os patriarcas, os profetas e todo o povo de Deus tiveram a certeza da redenção e da salvação do gênero humano. Passaram-se as coisas antigas; eis que se fez uma realidade nova (cf. 2Cor 5,17).

Oração do dia

Ó Maria, nossa esperança, poderosa padroeira e Senhora do Perpétuo Socorro, entregamo-nos totalmente a vós. Fazei de nós o que quiserdes. Em vossas mãos confiamos a nossa vida e a de todos os que nos são caros. Em vosso coração depositamos os nossos pensamentos, desejos, angústias, alegrias e dores. Confiamos plenamente em vós. Abandonamo-nos em vossas mãos. Defendei-nos das ciladas do inimigo. Assisti-nos todos os dias de nossa vida. Protegei-nos e socorrei-nos em toda hora e em todo momento. Fazei-nos experimentar toda a doçura do vosso coração misericordioso de Mãe, agora e para sempre. Amém.

Canto

Nas angústias e receios, sede, ó Maria, a nossa luz!

Dai-nos sempre fé e confiança no amor do bom Jesus.

Vosso olhar a nós volvei, vossos filhos protegei!

Ó Maria, Mãe da Igreja, vossos filhos socorrei!

Oração final

Nossa Senhora do Perpétuo Socorro, volvei a nós vossos olhos misericordiosos e socorrei-nos em nossas necessidades. És nossa bondosa Mãe e medianeira de todas as graças. Por isso, com todo o povo cristão, invocamo-vos como refúgio dos pecadores, Mãe dos aflitos e estrela dos navegantes. Mais uma vez nos colocamos sob a vossa poderosa proteção e vos suplicamos que obtenhais de Jesus Cristo, vosso amado Filho, a graça de que nesta hora de aflição tanto necessitamos (*fazer o pedido*). Por Cristo Nosso Senhor. Amém.

Rezemos

Pai-Nosso, Ave-Maria e Glória.
Ó Maria, Mãe do Perpétuo Socorro, rogai por nós que recorremos a vós.

SEXTO DIA

Maria: defesa contra o mundo e o mal

Em nome do Pai, do Filho e do Espírito Santo. Amém.

Invocação a Maria, Mãe do Perpétuo Socorro

Vosso olhar a nós volvei, vossos filhos protegei!
Ó Maria, Mãe da Igreja, vossos filhos socorrei! (Hino litúrgico)

Leitura bíblica

"Diante do ser humano estão a vida e a morte, o bem e o mal; ele receberá aquilo que preferir." O Senhor "não mandou ninguém agir como ímpio e a ninguém deu licença para pecar" (Eclo 15,18.21).

"No mundo tereis aflições. Mas tende coragem! Eu venci o mundo" (Jo 16,33b).

Reflexão

Muitas vezes em nossa vida somos levados pela tentação de poder, honras e riquezas, esquecendo-nos das coisas mais importantes. Estamos no mundo, mas não somos deste mundo. Estamos sujeitos a tentações e perigos que estão por toda parte. Todavia, a esperança está na Mãe de Deus e nossa, a Virgem Imaculada, socorro dos cristãos. Ao lado de Maria encontraremos Jesus a nos dizer: "Tende coragem. Eu venci o mundo" (Jo 16,33b).

Oração do dia

Ó Maria, vós sois o nosso escudo e a nossa proteção, a inexpugnável fortaleza, a torre de Davi, a inimiga da serpente infernal. Sob a vossa poderosa proteção nos refugiamos com a certeza de estarmos amparados contra as investidas do inimigo. Como fizemos no Batismo, queremos renovar as nossas promessas, renunciando às solicitações e aos enganos que o mal nos apresenta, para pertencermos completamente a vós e, por vós, a Jesus, o fruto bendito de vosso ventre e nosso único Rei. Venha a nós, ó Senhor, o vosso Reino. Amém.

Canto

Dai saúde ao corpo enfermo, templo santo do Senhor!

E a nós todos socorrei, Mãe de Cristo Salvador!

Vosso olhar a nós volvei, vossos filhos protegei!

Ó Maria, Mãe da Igreja, vossos filhos socorrei!

Oração final

Nossa Senhora do Perpétuo Socorro, volvei a nós vossos olhos misericordiosos e socorrei-nos em nossas necessidades. És nossa bondosa Mãe e medianeira de todas as graças. Por isso, com todo o povo cristão, invocamo-vos como refúgio dos pecadores, Mãe dos aflitos e estrela dos navegantes. Mais uma vez nos colocamos sob a vossa poderosa proteção e vos suplicamos que obtenhais de Jesus Cristo, vosso amado Filho, a graça de que nesta hora de aflição tanto necessitamos (*fazer o pedido*). Por Cristo Nosso Senhor. Amém.

Rezemos

Pai-Nosso, Ave-Maria e Glória.
Ó Maria, Mãe do Perpétuo Socorro, rogai por nós que recorremos a vós.

SÉTIMO DIA

Maria: penhor de nossa perseverança

Em nome do Pai, do Filho e do Espírito Santo. Amém.

Invocação a Maria, Mãe do Perpétuo Socorro

Ajudai-nos, ó Mãe do Perpétuo Socorro, a viver com fé e responsabilidade a nossa vocação de batizados!

Leitura bíblica

"Põe no Senhor tuas delícias e ele te dará o que teu coração pede. Entrega ao Senhor o teu futuro, espera nele, que ele vai agir" (Sl 37/36,4-5).

"Andai como filhos da luz, pois o fruto da luz consiste em toda bondade e justiça e verdade" (cf. Ef 5,9).

"É para a liberdade que Cristo nos libertou. Ficai firmes e não vos deixeis amarrar de novo ao jugo da escravidão" (Gl 5,1).

Reflexão

Somos peregrinos que facilmente se desviam do reto caminho; navegantes em mar tempestuoso que perdem de vista o farol e o porto seguro da salvação. Guardamos em vaso frágil o tesouro da graça de Deus e estamos sempre prestes a perdê-lo. No meio de tantas incertezas e temores, Maria, nossa Mãe, apresenta-se com as mãos estendidas, pronta a nos socorrer. "Quando Maria vos sustenta, não caís; quando vos protege, nada temeis; quando vos conduz, não vos fatigais; quando vos é propícia, chegais ao porto da salvação" (São Bernardo).

Oração do dia

Maria, Mãe bendita e querida, damo-vos graças por ter iluminado a nossa inteligência e nos ter mostrado todo o mal causado pelo pecado. Quanto orgulho e soberba em nossas vidas! Quanta fraqueza da nossa vontade, pois muitas vezes prometemos maior fidelidade aos projetos de Deus, mas a nossa fragilidade nos leva a nos desviarmos do caminho do bem.

Ó Mãe do Perpétuo Socorro, por vosso intermédio nos entregamos a Jesus, vosso Filho, pois assim podemos contar com a sua proteção e perseverar no bem.

Canto

Ó Virgem pura e santa, ó Mãe do Redentor,
Tu és supremo anseio do meu sincero amor.

Maria de Jesus, Maria, Mãe querida, tu és o meu socorro na estrada desta vida.

Oração final

Nossa Senhora do Perpétuo Socorro, volvei a nós vossos olhos misericordiosos e socorrei-nos em nossas necessidades. És nossa bondosa Mãe e medianeira de todas as graças. Por isso, com todo o povo cristão, invocamo-vos como refúgio dos pecadores, Mãe dos aflitos e estrela dos navegantes. Mais uma vez nos colocamos sob a vossa poderosa proteção e vos suplicamos que obtenhais de Jesus Cristo, vosso amado Filho, a graça de que nesta hora de aflição tanto necessitamos (*fazer o pedido*). Por Cristo Nosso Senhor. Amém.

Rezemos

Pai-Nosso, Ave-Maria e Glória.
Ó Maria, Mãe do Perpétuo Socorro, rogai por nós que recorremos a vós.

OITAVO DIA

Maria: Mãe da boa morte

Em nome do Pai, do Filho e do Espírito Santo. Amém.

Invocação a Maria, Mãe do Perpétuo Socorro

"Ser vosso devoto, ó Virgem Santíssima, é uma arma de salvação que Deus dá àqueles que quer salvar" (São João Damasceno).

Maria, Mãe do Perpétuo Socorro, rogai por nós que recorremos a vós.

Leitura bíblica

"O ser humano, nascido de mulher, tem a vida curta, mas cheia de inquietação. É como a flor que se abre e logo murcha, foge como sombra e não permanece" (Jó 14,1-2).

"Quanto a mim, já estou sendo oferecido em libação, pois chegou o tempo da minha partida. Combati o bom combate, terminei a corrida, guardei a fé" (2Tm 4,6-7).

Reflexão

A morte, temida pelo pecador e desejada pelo santo, chegará para todos nós, sem sabermos o dia e a hora. Por isso Jesus nos adverte, dizendo: "Ficai preparados! Pois na hora em que menos pensais, virá o Filho do Homem" (cf. Mt 24,44).

A morte é uma experiência de Deus, porém dolorosa, pois nos separa dos entes queridos. Maria teve uma morte serena, provocada por um grande desejo de se reencontrar com Jesus, seu Filho.

A presença de Maria em nossas vidas, sobretudo na hora de nossa morte, será um momento feliz e abençoado, pois se a invocarmos com devoção ela estará sempre ao nosso lado.

Oração do dia

Ó Maria, Mãe do Perpétuo Socorro, ao fim do vosso peregrinar sobre esta terra pudestes exclamar como vosso Filho Jesus na cruz: "Pai, estou pronta, tudo está consumado. Entrego o meu espírito em vossas mãos". Fazei com que, vivendo nesta terra, possamos sempre ter os olhos fixos para o céu e cumprir em tudo a vontade de Deus. Queremos passar a nossa vida fazendo o bem. Que a tristeza e a amargura dessa passagem sejam transformadas em esperança e alegria com a doçura de vossa presença.

Canto

Maria Medianeira, Maria, Mãe do Amor! Oh! Leva-me a Cristo, teu Filho Salvador!

Da Igreja que caminha, Maria companheira!

Maria junto ao seu Filho na hora derradeira!

Oração final

Nossa Senhora do Perpétuo Socorro, volvei a nós vossos olhos misericordiosos e socorrei-nos em nossas necessidades. És nossa bondosa Mãe e medianeira de todas as graças. Por isso, com todo o povo cristão, invocamo-vos como refúgio dos pecadores, Mãe dos aflitos e estrela dos navegantes. Mais uma vez nos colocamos sob a vossa poderosa proteção e vos suplicamos que obtenhais de Jesus Cristo, vosso amado Filho, a graça de que nesta hora de aflição tanto necessitamos (*fazer o pedido*). Por Cristo Nosso Senhor. Amém.

Rezemos

Pai-Nosso, Ave-Maria e Glória.
Ó Maria, Mãe do Perpétuo Socorro, rogai por nós que recorremos a vós.

NONO DIA

Maria: nossa advogada e porta do céu

Em nome do Pai, do Filho e do Espírito Santo. Amém.

Invocação a Maria, Mãe do Perpétuo Socorro

Maria, minha Mãe, é que me há de levar à palma da Vitória. (Sequência da festa de Nossa Senhora das Dores.)

Nossa Senhora do Perpétuo Socorro, rogai por nós!

Leitura bíblica

Em sonho, Jacó viu uma escada apoiada no chão e com a outra ponta tocando o céu. Por ela subiam e desciam os anjos de Deus. Então Jacó disse: "Isto aqui só, pode ser a casa de Deus e a porta do céu" (cf. Gn 28,12.17b).

O que Deus preparou para os que o amam é algo que os olhos jamais viram, nem os ouvidos ouviram, nem coração algum jamais pressentiu (cf. 1Cor 2,9).

Reflexão

Com a morte, chegamos à plenitude que Deus planejou para nós, o céu. Situação de amor, em que todo anseio do coração chega ao seu destino no coração de Deus. Ele nos chamou para vivermos uma nova vida; e, no momento da morte, convida-nos para nosso primeiro encontro com ele.

Canto

Com minha Mãe estarei, na santa glória um dia.
Junto à Virgem Maria, no céu triunfarei.

No céu, no céu, com minha Mãe estarei. (bis)

Oração final

Nossa Senhora do Perpétuo Socorro, volvei a nós vossos olhos misericordiosos e socorrei-nos em nossas necessidades. És nossa bondosa Mãe e medianeira de todas as graças. Por isso, com todo o povo cristão, invocamo-vos como refúgio dos pecadores, Mãe dos aflitos e estrela dos navegantes. Mais uma vez nos colocamos sob a vossa poderosa proteção e vos suplicamos que obtenhais de Jesus Cristo, vosso amado Filho, a graça de que nesta hora de aflição tanto necessitamos (*fazer o pedido*). Por Cristo Nosso Senhor. Amém.

Rezemos

Pai-Nosso, Ave-Maria e Glória.
Ó Maria, Mãe do Perpétuo Socorro, rogai por nós que recorremos a vós.

NOSSAS DEVOÇÕES
(Origem das novenas)

De onde vem a prática católica das novenas? Entre outras, podemos dar duas respostas: uma histórica, outra alegórica.

Historicamente, na Bíblia, no início do livro dos Atos dos Apóstolos, lê-se que, passados quarenta dias de sua morte na Cruz e de sua ressurreição, Jesus subiu aos céus, prometendo aos discípulos que enviaria o Espírito Santo, que lhes foi comunicado no dia de Pentecostes.

Entre a ascensão de Jesus ao céu e a descida do Espírito Santo, passaram-se nove dias. A comunidade cristã ficou reunida em torno de Maria, de algumas mulheres e dos apóstolos. Foi a primeira novena cristã. Hoje, ainda a repetimos todos os anos, orando, de modo especial, pela unidade dos cristãos. É o padrão de todas as outras novenas.

A novena é uma série de nove dias seguidos em que louvamos a Deus por suas maravilhas, em particular, pelos santos, por cuja intercessão nos são distribuídos tantos dons.

Alegoricamente, a novena é antes de tudo um ato de louvor ao Pai, ao Filho e ao Espírito Santo, Deus três vezes Santo. Três é número perfeito. Três vezes três, nove. A novena é louvor perfeito à Trindade. A prática de nove dias de oração, louvor e súplica confirma de maneira extraordinária nossa fé em Deus que nos salva, por intermédio de Jesus, de Maria e dos santos.

O Concílio Vaticano II afirma: "Assim como a comunhão cristã entre os que caminham na terra nos aproxima mais de Cristo, também o convívio com os santos nos une a Cristo, fonte e cabeça de que provêm todas as graças e a própria vida do povo de Deus" (Lumen Gentium, 50).

Nossas Devoções procura alimentar o convívio com Jesus, Maria e os santos, para nos tornarmos cada dia mais próximos de Cristo, que nos enriquece com os dons do Espírito e com todas as graças de que necessitamos.

Francisco Catão

Coleção Nossas Devoções

- *Os Anjos de Deus: novena* – Francisco Catão
- *Dulce dos Pobres: novena e biografia* – Marina Mendonça
- *Francisco de Paula Victor: história e novena* – Aparecida Matilde Alves
- *Frei Galvão: novena e história* – Pe. Paulo Saraiva
- *Imaculada Conceição* – Francisco Catão
- *Jesus, Senhor da vida: dezoito orações de cura* – Francisco Catão
- *João Paulo II: novena, história e orações* – Aparecida Matilde Alves
- *João XXIII: biografia e novena* – Marina Mendonça
- *Maria, Mãe de Jesus e Mãe da Humanidade: novena e coroação de Nossa Senhora* – Aparecida Matilde Alves
- *Menino Jesus de Praga: história e novena* – Giovanni Marques Santos
- *Nhá Chica: Bem-aventurada Francisca de Paula de Jesus* – Aparecida Matilde Alves
- *Nossa Senhora Achiropita: novena e biografia* – Antonio Sagrado Bogaz e Rodinei Carlos Thomazella
- *Nossa Senhora Aparecida: história e novena* – Maria Belém
- *Nossa Senhora da Cabeça: história e novena* – Mario Basacchi
- *Nossa Senhora da Luz: novena e história* – Maria Belém
- *Nossa Senhora da Penha: novena e história* – Maria Belém
- *Nossa Senhora da Salete: história e novena* – Aparecida Matilde Alves
- *Nossa Senhora das Graças ou Medalha Milagrosa: novena e origem da devoção* – Mario Basacchi
- *Nossa Senhora de Caravaggio: história e novena* – Leomar A. Brustolin e Volmir Comparin
- *Nossa Senhora de Fátima: novena* – Tarcila Tommasi
- *Nossa Senhora de Guadalupe: novena e história das aparições a São Juan Diego* – Maria Belém
- *Nossa Senhora de Nazaré: novena e história* – Maria Belém
- *Nossa Senhora Desatadora dos Nós: história e novena* – Frei Zeca
- *Nossa Senhora do Bom Parto: novena e reflexões bíblicas* – Mario Basacchi

- *Nossa Senhora do Carmo: novena e história* – Maria Belém
- *Nossa Senhora do Desterro: história e novena* – Celina Helena Weschenfelder
- *Nossa Senhora do Perpétuo Socorro: história e novena* – Mario Basacchi
- *Nossa Senhora Rainha da Paz: história e novena* – Celina Helena Weschenfelder
- *Novena à Divina Misericórdia* – Tarcila Tommasi
- *Novena das Rosas: história e novena de Santa Teresinha do Menino Jesus* – Aparecida Matilde Alves
- *Novena em honra ao Senhor Bom Jesus* – José Ricardo Zonta
- *Ofício da Imaculada Conceição: orações, hinos e reflexões* – Cristóvão Dworak
- *Orações do cristão: preces diárias* – Celina Helena Weschenfelder
- *Padre Pio: novena e história* – Maria Belém
- *Paulo, homem de Deus: novena de São Paulo Apóstolo* – Francisco Catão
- *Reunidos pela força do Espírito Santo: novena de Pentecostes* – Tarcila Tommasi
- *Rosário dos enfermos* – Aparecida Matilde Alves
- *Rosário por uma transformação espiritual e psicológica* – Gustavo E. Jamut
- *Sagrada Face: história, novena e devocionário* – Giovanni Marques Santos
- *Sagrada Família: novena* – Pe. Paulo Saraiva
- *Sant'Ana: novena e história* – Maria Belém
- *Santa Cecília: novena e história* – Frei Zeca
- *Santa Edwiges: novena e biografia* – J. Alves
- *Santa Filomena: história e novena* – Mario Basacchi
- *Santa Gemma Galgani: história e novena* – José Ricardo Zonta
- *Santa Joana d'Arc: novena e biografia* – Francisco de Castro
- *Santa Luzia: novena e biografia* – J. Alves
- *Santa Maria Goretti: história e novena* – José Ricardo Zonta
- *Santa Paulina: novena e biografia* – J. Alves
- *Santa Rita de Cássia: novena e biografia* – J. Alves

- *Santa Teresa de Calcutá: biografia e novena* – Celina Helena Weschenfelder
- *Santa Teresinha do Menino: novena e biografia* – Jesus Mario Basacchi
- *Santo Afonso de Ligório: novena e biografia* – Mario Basacchi
- *Santo Antônio: novena, trezena e responsório* – Mario Basacchi
- *Santo Expedito: novena e dados biográficos* – Francisco Catão
- *Santo Onofre: história e novena* – Tarcila Tommasi
- *São Benedito: novena e biografia* – J. Alves
- *São Bento: história e novena* – Francisco Catão
- *São Brás: história e novena* – Celina Helena Weschenfelder
- *São Cosme e São Damião: biografia e novena* – Mario Basacchi
- *São Cristóvão: história e novena* – Mário José Neto
- *São Francisco de Assis: novena e biografia* – Mario Basacchi
- *São Francisco Xavier: novena e biografia* – Gabriel Guarnieri
- *São Geraldo Majela: novena e biografia* – J. Alves
- *São Guido Maria Conforti: novena e biografia* – Gabriel Guarnieri
- *São José: história e novena* – Aparecida Matilde Alves
- *São Judas Tadeu: história e novena* – Maria Belém
- *São Marcelino Champagnat: novena e biografia* – Ir. Egídio Luiz Setti
- *São Miguel Arcanjo: novena* – Francisco Catão
- *São Pedro, Apóstolo: novena e biografia* – Maria Belém
- *São Roque: novena e biografia* – Roseane Gomes Barbosa
- *São Sebastião: novena e biografia* – Mario Basacchi
- *São Tarcísio: novena e biografia* – Frei Zeca
- *São Vito, mártir: história e novena* – Mario Basacchi
- *A Senhora da Piedade: setenário das dores de Maria* – Aparecida Matilde Alves
- *Tiago Alberione: novena e biografia* – Maria Belém